Anne Voss

Spezialitäten aus Schleswig-Holstein und Hamburg

KOMPASS Küchenschätze

Ein Wort zuvor

Über Land, Leute und Küche

In **Schleswig-Holstein**, dem nördlichsten Bundesland, sind unterschiedliche Landschaftsformen auf engstem Raum vereint: vom flachen Nordseeküsten-Wattenmeer, vorbei an der Elberegion, bis zur dänischen Grenze, reicht die Marsch.Sie ist eine fruchtbare Landschaft mit alter Tradition, in der überwiegend Ackerbau und Viehzucht betrieben wird.

Von Nordstrand bis Sylt erheben sich aus dem Wattenmeer die Nordfriesischen Inseln mit ihren weißen Sandstränden und den tiefgedeckten, windgeschützten Reethäusern. Die Küstenfischerei liefert in dieser Region täglich frischen Fisch und eine Vielzahl von Meeresfrüchten, vor allem jedoch die beliebten Krabben. Auf den fetten Weiden hinter den Deichen wächst saftiges Futter für die berühmten Holsteiner Kühe. Landeinwärts wechselt das Bild. Auf den mageren Sandböden der Geest wachsen nur wenige Feldfrüchte. Weiter ostwärts ist der Boden jedoch wieder fruchtbarer. Ausgedehnte Weiden auf satten Lehmböden führen bis an die Ostseeküste. Laubwälder laden zum Wandern ein und die zahlreichen Badeorte der Küste – von Flensburg bis zur Lübecker Bucht – sind weit über die Grenzen des Landes hinaus bekannt. Landeinwärts liegt die „Holsteinische Schweiz“ mit ihrer lieblichen Seenlandschaft und den reichen Fischgründen.

Die Küche dieser so abwechslungsreichen Landschaft entspricht der Bodenständigkeit ihrer Bewohner. Sie bevorzugen Gerichte, die sich in der Regel auf das beschränken, was Äcker und Weiden, Meer oder Flüsse hervorbringen.

Gediegen und deftig sind die verschiedenen Speisen, in der einige Grundelemente immer wiederzufinden sind: Getreideprodukte in Form von Mehl oder Graupen, Fleisch vom Rind, Lamm oder Schwein, Milch- und Milcherzeugnisse in vielen Variationen, einheimische Obst- und Gemüsesorten – vor allem Kartoffeln – und natürlich Fisch.

Die Rezepte sind bodenständig, manchmal sehr gehaltvoll, aber auch einfach oder raffiniert. Beliebt ist die Kombination von Süßem mit Saurem oder das Andicken mit Mehl bzw. Milch sowie Sahne.

Hamburg – der Weltoffenheit der Hansestadt ist es wohl zu verdanken, daß sich die Küche hier anders entwickelt hat. Einerseits brachten die aus aller Welt einlaufenden Schiffe exotische Gewürze in die Stadt, andererseits haben aber auch die Haushalte der reichen Kaufleute den Speisezettel maßgeblich beeinflußt.

Von den Weiden Schleswig-Holsteins liefern die Rinder ein zartes Fleisch. Fisch bezieht die Stadt aus Nord- und Ostsee und Obst sowie Gemüse aus der Region. Eine Reihe typischer Spezialitäten wie „Labskaus“ – ein altes Seemannsgericht –, die „Finkenwerder Scholle“ oder die „Rote Grütze“

sind untrennbar mit dieser Stadt verbunden.

Dieses Buch bietet Ihnen daher Vorschläge für zeitgemäße aber auch traditionelle Gerichte aus verschiedenen Regionen. Im Anschluß an die typischen Suppen und Eintöpfe finden Sie eine Auswahl heimischer Fisch-Rezepte gefolgt von Fleisch-Spezialitäten, Gemüsegerichten sowie Salaten. Süßes und Gebackenes sowie typische Getränke vollenden die Rezept-Vorschläge.

Die nachfolgenden Seiten liefern Ihnen vorab eine kurze Beschreibung der landestypischen Spezialitäten aus Schleswig-Holstein und der Hamburger Region. Daran schließt sich ein kleines „Küchenlexikon" an, das Ihnen die traditionellen Bezeichnungen, gleich einem Sprachführer, näher bringt.

Mit dieser Einführung fällt es Ihnen sicher leicht, die verschiedenen Rezept-Besonderheiten des nördlichsten Bundeslandes kennenzulernen und mit Freude nachzukochen.

Dabei wünsche ich Ihnen stets ein gutes Gelingen.

Ihre

Anne Voss

Inhalt

Seite

Die besonderen Spezialitäten aus Schleswig-Holstein und Hamburg

Landwirtschaft und Fischerei spielen eine bedeutende Rolle.

Die traditionelle Küche des Landes und der freien Hansestadt Hamburg wird daher von der Nähe zum Meer, den vielzähligen Seen und dem ertragreichen Landanbau geprägt.

Fisch in allen Variationen, vor allem Aal, Hecht, Zander, Scholle, zarte Matjes und Heringe gibt es immer frisch oder in feingeräucherter Form. Man verarbeitet ihn zu Suppen, Fischtöpfen oder er wird in Soße gedünstet bzw. gebraten serviert. Dazu gibt's **Kartoffeln:** als Salz-, Pell- oder Bratkartoffeln, letztere am liebsten mit Speck zubereitet. In Hamburg schätzt man die „Béchamel-Kartoffeln" (gesprochen „Püschamell") als Beilage zu Fisch oder Fleisch. Neben dem zarten **Rind-** oder schmackhaften **Schweinefleisch** sind **Enten** sehr beliebt. Die fleischigsten stammen aus den „Vierlanden", der fruchtbaren Elbmarschlandschaft im Südosten Hamburgs.
Für Geflügel, aber auch für andere Gerichte, wird viel frisches oder getrocknetes **Obst** benötigt. Die Liebe zu Birnen, vor allem Kochbirnen und Äpfeln sowie Backpflaumen oder Rosinen läßt diese Früchte in vielen Gerichten vorkommen: in Suppen, in Geflügel- oder Fleischfüllungen, in der Kombination mit Gemüse sowie in verschiedenen Nachspeisen.
„Birnen, Bohnen und Speck" – eine eher ungewöhnliche Zutaten-Kombination – oder der „Apfel-Matjessalat" seien hier nur als Beispiele genannt.

Auch ist es üblich, einige Gerichte mit einer Prise Zucker abzuschmecken, die die sonstigen Zutaten unterstützt oder dem Ganzen eine süß-saure Note verleiht.

Durchwachsener **Speck** sowie feingeräucherte **Würste** oder **Kasseler** sind genauso wichtig wie **Milch-** und Milchprodukte, die in vielen Suppen, Soßen und Nachspeisen

Verwendung finden. Heimische Gemüsesorten wie Grünkohl, Bohnen und rote Beete werden neben Salat am liebsten als Beilage zubereitet.

Zum Nachtisch gibt's dann „Rote Grütze“ aus frischen Beeren oder den beliebten „Appelpankoken“ (Apfelpfannkuchen). Nach einem guten Essen trinkt der Hamburger abschliessend gerne einen kräftigen Kaffee, an der Küste hingegen ist der Friesentee beliebter. Weht im Winter eine „steife“ Brise, so braut man **Grog** oder **Punsch.** Der hierfür notwendige Rum ist nahezu in jedem Haushalt vorhanden und wird auch für andere Gerichte gerne verwendet. **Kuchen** und **Torten** – hier sei vor allem der feine Hamburger Sandkuchen oder die köstliche Lübecker Marzipantorte erwähnt – sind genauso beliebt, wie die bekannten „Hamburger braunen Kuchen“, die zu Weihnachten auf keinem bunten Teller fehlen dürfen.

Die Küche in Stadt und Land ist, wie die verschiedenen Rezepte Ihnen zeigen werden, bäuerlich geprägt und mit Raffiniertem ergänzt. Es ist jedoch leicht, die verschiedenen Spezialitäten nachzukochen, da die Zutaten fast immer leicht erhältlich sind.

Kleines Küchenlexikon

Aalsuppe	=	Hamburger Spezialität, aus Schinkenknochen, Aal, Gewürzen und Gemüse hergestellt
Apfelreis	=	Milchreis mit Äpfeln gekocht
Appelpankoken	=	Apfelpfannkuchen
Backpflaumen	=	getrocknete Pflaumen
Béchamelkartoffeln	=	Kartoffelscheiben in Milchsoße
Bickbeeren	=	Blaubeeren
Braune Kuchen	=	dünnes Sirupgebäck
Buttermilchsuppe	=	süße Suppe, zubereitet mit Buttermilch, Speck und Backpflaumen
Fleckhering	=	entgräteter, aufgeklappter Hering
Fliederbeeren	=	Holunderbeeren
Großer Hans	=	siehe Mehlbeutel
Klüten	=	Mehlklümpchen als Suppeneinlage

Kasseler = gepökeltes, geräuchertes Schweinerippenstück

Katenschinken = Holsteiner Spezialität, mildgeräuchert über harzfreiem Holz

Labskaus = altes Seemannsgericht mit gepökelter Rinderbrust, Kartoffeln, Zwiebeln und roter Beete

Matjes = mild gesalzener Hering

Mehlbeutel = großer Kloß aus Eiern und Brötchen, in einer Serviette im heißen Wasserbad zubereitet

Miesmuscheln = frische Pfahlmuscheln

Pfannfisch = Hamburger Spezialität, Pfannengericht aus Fischresten

Pharisäer = heißer, schwarzer, starker Kaffee mit Rum und einer Sahnehaube

Porree = Lauch

Pökelfleisch = in Salzlake eingelegtes Fleisch

Rote Beete = Rote Rüben

Rundstück = Hamburger Bezeichnung für ein längliches Brötchen

Sandkuchen = Rührkuchen aus Butter, Zucker und Eiern, der lange gerührt wird um „sandig" zu gelingen

Sauerfleisch = gebratenes Schweinefleisch in Aspik

Saure Suppe = Zubereitung wie Aalsuppe, jedoch ohne Fischeinlage

Semmelmehl = Paniermehl, Semmelbrösel

Schwemmklößchen = Suppeneinlage aus Brandteig

Stampfkartoffeln = Kartoffelpüree, Kartoffelbrei

Schwemmklößchen

1/4 l Wasser	1 Prise Salz, etwas Muskat
75 g Butter	125 g Mehl, 2 - 3 Eier

● Das Wasser mit Butter, Salz und Muskat zum Kochen bringen, von der Kochstelle nehmen und das gesiebte Mehl auf einmal hineinschütten. Mit einem Holzlöffel so lange rühren, bis ein glatter Teig entsteht.

● Die Mischung in eine Rührschüssel geben, etwas ausdampfen lassen, dann mit Hilfe des Elektroquirls die Eier nach und nach unterrühren.
Der Teig soll geschmeidig

und glatt sein.

● Nun mit 2 nassen Teelöffeln kleine Klößchen abstechen und in kochendem, gesalzenem Wasser in ca. 10 Minuten garziehen lassen.

Hamburger Aalsuppe

1 Schinkenknochen vom Katenschinken (ca. 2 kg)	1 kleine Kohlrabi
3 - 3 1/2 l Wasser	1 Zwiebel
Salbei, Thymian, Majoran	750 g - 1 kg küchenfertiger, enthäuteter Aal
Bohnenkraut	1 große Stange Porree
250 g getrocknetes Mischobst	Salz, Zucker
125 g getrocknete Äpfel	weißer Pfeffer
1 Bund Suppengrün	2 - 3 EL Obstessig
1/2 Sellerieknolle	2 - 3 EL Weißwein
4 Möhren	1 EL geh. Petersilie
	1 TL geh. Dill und Kerbel

● Den Schinkenknochen in einen sehr großen Topf geben, das Wasser hinzufügen, einmal aufkochen und abschäumen. Nach ca. 1 Stunde die Kräuter, das Mischobst, die getrockneten Äpfel und das geputzte Suppengrün dazugeben. Etwa 1 - 1 1/2 Stunden auf niedriger Stufe weiterköcheln lassen.

● Sellerie, Möhren, Kohlrabi und Zwiebel schälen und kleinschneiden, dann waschen. Den Porree putzen und in Ringe schneiden. Den Aal kurz kalt abspülen, filetieren und in ca. 2 - 3 cm lange Stücke zerteilen.

● Die Brühe mit Salz, Zucker, Pfeffer sowie Essig abschmecken. Erneut aufkochen, erst das Gemüse hineingeben und nach ca. 10 Minuten die Aalstücke hinzufügen. In etwa 20 Minuten langsam garziehen lassen.

● Zuletzt den Schinkenknochen herausnehmen, die Suppe mit Wein abschmecken und mit den vorbereiteten Kräutern bestreut servieren.

Einlage:
Schwemmklößchen

„Klüten"-Suppe

150 g Weizenmehl	etwas Wasser
2 - 3 Eier	1 1/2 l Milch
1 Prise Salz	2 EL Butter
2 EL Zucker	Zucker, Zimt

- Mehl, Eier, Salz und Zucker mit etwas Wasser zu einem dickflüssigen Teig verrühren.
- Die Milch in einem größeren Topf langsam erhitzen und den Teig portionsweise einlaufen lassen, so daß kleine „Klüten" (Klümpchen) entstehen.
- Unter beständigem Rühren auf niedriger Stufe etwa 15 Minuten lang weiterkochen lassen, bis die Klüten an die Oberfläche aufsteigen. Nochmals mit Salz abschmekken und die Butter einrühren.
- Die Suppe heiß servieren und nach Geschmack mit Zimtzucker bestreuen.

Interessant für Sie:
Diese traditionelle Suppe wird in einigen Regionen Schleswig-Holsteins morgens, zum ersten Frühstück, angerichtet. Man verwendet auch gerne Buchweizenmehl, dann ist die Garzeit jedoch um ca. 10 Minuten länger. Der Teig wird durch Zugabe von Eiern eher flüssig. Ohne Eizugabe werden Mehl, Salz, Zucker und etwas Wasser erst zu Streuseln verarbeitet, die dann in der heißen Milch garziehen.

„Bickbeersuppe"

500 g reife Bickbeeren (Blaubeeren)	2 - 3 EL Zucker
ca. 1 1/2 l Wasser	2 EL Stärkemehl, Wasser
	etw. Zitronensaft o. Weißwein

- Die Bickbeeren verlesen, gründlich waschen, abtropfen lassen und mit kaltem Wasser in einen größeren Topf geben. Einmal aufkochen, dann ca. 30 Minuten auf niedriger Stufe fertiggaren.

● Den Zucker einrühren, die Suppe mit in kaltem Wasser angerührtem Stärkemehl binden, durch ein Sieb streichen, nochmals erhitzen und mit Zitronensaft oder Wein abrunden.

„Fliederbeersuppe“

(Holunderbeerensuppe)

500 g säuerliche Äpfel	ger. Schale 1 unbeh. Zitrone
Zitronensaft, Zimt	50 - 60 g Sago
2 l „Fliederbeersaft“ (Holunderbeerensaft)	Zucker oder Puderzucker
	ca. 1/8 l Rum

● Die Äpfel waschen, vierteln, vom Kerngehäuse befreien und in feine Spalten schneiden. Mit etwas Zitronensaft beträufeln, mit Zimt bestreuen und durchmischen.

● Den Fliederbeerensaft mit der abgeriebenen Zitronenschale aufkochen, den Sago einstreuen und unterrühren. Die Äpfel dazugeben und mit dem Sago garziehen lassen.

● Zuletzt die Suppe mit Rum und Zucker abschmecken.

Tips:
Anstelle der Äpfel können Sie frische oder gekochte Quitten verwenden. Als Einlage sind die „Schwemmklößchen“ gut geeignet. Sie wird im Winter heiß und im Sommer kalt serviert.

Nordfriesische Buttermilchsuppe mit Birnen und Speck

400 g frischer, durchwachsener Räucherspeck	1/2 l Buttermilch
500 g frische, reife Birnen	2 EL Mehl
125 g Rosinen	3 - 4 EL Zucker
	Zimt nach Belieben

● Den Speck mit 1/2 l Wasser zum Kochen bringen, dann zugedeckt auf niedriger Stufe ca. 2 Stunden lang garen lassen. Herausnehmen, kurz abtropfen und in Scheiben schneiden.

● Die Birnen waschen, abtrocknen, vierteln, vom Kerngehäuse befreien und schälen. In Scheiben schneiden und mit den gewaschenen, gut abgetropften Rosinen ca. 10 Minuten lang in der Speckbrühe garziehen lassen.

● Die Buttermilch mit Mehl und Zucker gleichmäßig vermischen, dann unter beständigem Rühren langsam erhitzen.

● Die Brühe mit den Birnen und Rosinen dazugeben und weitere 10 Minuten ziehen, jedoch nicht kochen lassen.

● Den Speck auf vier Tellern verteilen, mit der Buttermilchsuppe übergießen, nach Belieben noch mit etwas Zimt bestreuen und sofort servieren.

Beilage: Kräftiges Schwarzbrot

Herbstlicher Kohl-Eintopf

700 g Blumenkohl	1 1/2 EL Kümmel
400 g Rosenkohl	1 Lorbeerblatt
400 g Wirsing	Salz, schwarzer Pfeffer
80 g Butterschmalz	1/2 l Fleischbrühe
1 Msp. Muskat	etwas geriebener Käse

● Die verschiedenen Kohlsorten putzen, gründlich waschen und gut abtropfen lassen. Den Blumenkohl in Röschen zerteilen und den Wirsing in größere Stücke schneiden.

● In einem großen, weiten Topf das Butterschmalz erhitzen, den Blumenkohl darin von allen Seiten ca. 5 Minuten lang anbraten, dann Rosenkohl und Wirsing dazugeben und für weitere 10 Minuten mitschmoren lassen.

● Kräftig würzen, mit Fleischbrühe ablöschen

und zugedeckt auf niedriger Stufe in ca. 30 - 40 Minuten fertiggaren, dabei gelegentlich umrühren.

● Zuletzt den Käse dazugeben und vor dem Servieren noch 5 Minuten lang ziehen lassen.

Tip:
Zu diesem Kohl-Eintopf reichen Sie am besten ein kräftiges Schwarzbrot.

„Schnüsch"
Holsteiner Gemüse-Eintopf

250 g Möhren	Salz, weißer Pfeffer
250 g Kohlrabi	100 g Butter oder Margarine
500 g Kartoffeln	100 g Mehl
250 g grüne Bohnen	1 l Milch
250 g Erbsen	1 Prise Muskat
3/4 l Wasser	1 Prise Zucker
1/2 EL gekörnte Brühe	1 Bund geh. Petersilie

● Möhren, Kohlrabi und Kartoffeln schälen, dann würfeln. Grüne Bohnen evtl. fädeln und brechen. Erbsen schälen. Alle Gemüsezutaten gründlich waschen, dann mit Wasser, Brühe sowie Salz und Pfeffer in 30 Minuten garkochen.

● In einem zweiten Topf das Fett zerlassen, das Mehl hinzugeben, unter Rühren hellgelb anschwitzen, dann die kalte Milch einrühren. Mit Salz, Pfeffer und Muskat würzen. Auf niedriger Stufe ca. 20 Minuten ziehen lassen, dabei gelegentlich kräftig durchrühren.

● Die Gemüsemischung dazugeben, nochmals abschmecken und Zucker sowie Petersilie dazugeben.

Tip:
Zu diesem Gemüse-Eintopf ißt man in Schleswig-Holstein gerne einen feinwürzigen Katenschinken. Hierbei handelt es sich um eine besondere Spezialität. Er wird heute noch auf den Bauernhöfen langsam und schonend über harzfreiem Holz geräuchert.

Kartoffelsuppe mit Porree

500 g mehlige Kartoffeln	ca. 3/4 l Fleisch- oder Hühnerbrühe
400 g Porree	Salz, weißer Pfeffer
2 EL Butter	1 Prise Muskat
1 Zwiebel	100 ml süße Sahne
1 EL Mehl	20 g kalte Butter
ca. 1/4 l Wasser	geh. Schnittlauch

● Die Kartoffeln schälen, waschen und würfeln. Den Porree putzen, in feine Ringe schneiden und gründlich waschen.

● Die Butter schmelzen, darin die geschälte, feingehackte Zwiebel glasig dünsten und die Hälfte des Porrees dazugeben, mitdünsten. Mit Mehl bestreuen, untermischen und langsam das Wasser hinzufügen. Einmal aufkochen, dann beiseite stellen.

● In einem zweiten Topf die Kartoffeln in der Brühe weichkochen, fein pürieren, würzen und die Porreemischung dazugeben.

● Nochmals aufkochen, von der Kochstelle nehmen, Sahne und Butter einrühren. Mit Schnittlauch bestreut servieren.

Grüne Bohnensuppe mit Äpfeln

1 Bund Suppengrün	250 g Kartoffeln
Salz	1 EL geh. Petersilie
500 g Rindfleisch zum Kochen, z.B. Bruststück oder Hochrippe	schwarzer Pfeffer
500 g frische, grüne Bohnen	3 mittelgroße, säuerliche Äpfel
100 g durchwachsener Speck	1 EL Obstessig
	1 TL Zucker, 1 Prise Zimt
	einige Petersilienstengel

● Das Suppengrün putzen, grob zerkleinern und mit dem Fleisch in etwa 2 l kochendes Wasser geben,

dann salzen. Etwa 90 Minuten auf niedriger Stufe garziehen lassen. Das Fleisch herausnehmen und kleinschneiden.

● Inzwischen die Bohnen putzen, evtl. fädeln, waschen und durchschneiden. Die Kartoffeln schälen, waschen und würfeln. Den Speck kleinschneiden und in einer größeren Pfanne goldbraun auslassen. Die Bohnen kurz darin schwenken, dann die Kartoffelwürfel dazugeben. Mit Fleischbrühe angießen, mit Pfeffer und Petersilie würzen und 30 Minuten bei mittlerer Hitze kochen.

● Die Äpfel waschen, vierteln, vom Kernhaus befreien und schälen. In wenig Wasser unter Zugabe von Essig, Zucker sowie Zimt in ca. 10 Minuten weichdünsten. Abtropfen lassen und mit dem Fleisch zur Suppe geben. Nochmals kurz erwärmen, mit gewaschenen Petersilienstengeln garniert servieren.

Beilage: Bauernbrot

Legierte Meeresfrüchte-Suppe „Westerländer Art“

30 g Butter	400 g gekochter Fisch
2 EL geh. Zwiebeln	150 g Muschelfleisch
2 EL Mehl	300 g gedünstete Krabben
2 gehäutete Tomaten	1 Eigelb, mit 5 - 6 EL Sahne verquirlt
1 l Fischbrühe oder Sud von gekochtem Fisch	20 g kalte Butter
Salz, weißer Pfeffer	etwas frischer Knoblauch nach Belieben
1 Prise Cayennepfeffer	frisch geh. Dill zum Bestreuen
etwas Safran	
5 EL trockener Weißwein	

● Die Butter in einem größeren Topf schmelzen, die Zwiebeln darin glasig dünsten, dann das Mehl darüberstreuen und hell rösten. Die kleingeschnittenen Tomaten dazugeben und mitdünsten.

● Mit Fischbrühe oder – Sud langsam aufgießen. Gewürze und Wein hinzufügen. Unter häufigem Rühren etwa 20 Minuten lang kochen lassen, dann

durchsieben.
● Kleingewürfelten Fisch, Muscheln und Krabbenfleisch dazugeben und für ca. 10 Minuten mit erwärmen, dann die Suppe von der Kochstelle nehmen und mit dem verquirlten Eigelb binden.
● Kalte Butter unterziehen, nach Belieben mit frisch gepreßtem Knoblauch würzen und zuletzt mit Dill bestreuen. Sofort servieren.

Büsumer Krabbensuppe

1 kg frische Krabben in der Schale	300 g vorgekochter Blumenkohl fein püriert
125 g Butter	Salz, weißer Pfeffer
1 l Fleischbrühe	1 EL Zitronensaft
75 g Butter	je 1/2 EL frisch geh. Dill, Petersilie und Schnittlauch
100 g Mehl	

● Die Krabben „auspulen". Die Schalen beiseite legen, gründlich waschen, abtropfen lassen und am besten in einem Mörser zerstoßen.

● Die Butter in einem großen Topf erhitzen, die Schalen dazugeben und gut andünsten. Die Fleischbrühe hinzufügen, einmal aufkochen, dann auf niedriger Stufe ca. 30 Minuten lang ziehen lassen. Durchsieben und den Sud auffangen.

● Die Butter in einem zweiten Topf zerlassen, das Mehl hineingeben und hellgelb anrösten. Die Krabben-Brühe hinzufügen. Das Blumenkohl-Püree und die kleingeschnittenen, gewaschenen und gut abgetropften Krabben untermischen, umrühren. Etwas einkochen lassen, dann mit Salz, Pfeffer und Zitronensaft abschmecken. Reichlich frisch gehackte Kräuter dazugeben und sofort servieren.

Interessant für Sie:
Büsum ist nicht nur ein beliebter Erholungsort, sondern auch Heimathafen einer Krabbenkutterflotte. Der zarte Geschmack der frischen Meeresfrüchte wird mit dieser Rezeptzubereitung besonders hervorgehoben.

Lengfisch in Rosinensoße

1 kg frisches Lengfischfilet	60 g Rosinen
Salz, etwas Zitronensaft	40 g geh. Mandeln
75 g Butter, 75 g Mehl	je 1 Prise Zucker und Muskat
1/4 l Wasser	1 TL Zitronensaft
1/4 l trockener Weißwein	2 Eigelb
30 g Korinthen	

● Den Lengfisch säubern, gründlich kalt abspülen, mit Küchenpapier trockentupfen und in Portionsstücke schneiden. Salzen, mit Zitronensaft beträufeln und beiseite stellen.

● Die Butter in einer größeren Pfanne erhitzen, das Mehl darin hellgelb anrösten und mit Wasser sowie Wein ablöschen.

● Die Fischstücke in die kochende Soße legen und darin ca. 15 - 20 Minuten garen.

● Korinthen sowie Rosinen heiß waschen, abtropfen lassen und mit den Mandeln kurz vor Ende der Garzeit hinzufügen.

● Die Fischstücke herausheben, in eine Servierschüssel geben, die Soße mit Zucker, Muskat sowie Zitronensaft abschmecken und mit Eigelb legieren, über den Fisch verteilen, dann servieren.

Matjes-„Tatar"

8 gewässerte Matjesfilets	2 EL geh. Schnittlauch
1 TL Senf	2 geh. Zwiebeln
2 EL Zitronensaft	Salz
1/4 Bund geh. Dill	weißer Pfeffer
1/4 Bund geh. Petersilie	1 Prise Zucker

● Die Matjesfilets abtropfen lassen und mit Küchenpapier trockentupfen. In sehr feine

Stücke schneiden oder in der Küchenmaschine grob pürieren.

- Senf, Zitronensaft, Kräuter sowie Zwiebeln in eine Schüssel geben und gut vermischen.
- Die Matjes dazugeben und unterheben. Die Masse mit Salz, Pfeffer und Zucker abschmecken, dann mindestens 2 Stunden lang im Kühlschrank durchziehen lassen.

Beilage: Dunkles Bauernbrot oder Schwarzbrot

Zwiebelheringe

8 küchenfertige Heringe, à ca. 100 g, ohne Kopf

1 TL Salz

1/8 l Öl zum Braten

Marinade:

1 - 2 Möhren

1 große Zwiebel

1/8 l Obst- oder Weinessig

1/4 l Wasser

1 Thymianzweig

1 Lorbeerblatt

1/2 TL schwarze Pfefferkörner

1/2 TL Senfkörner

1 gestr. TL Salz

- Die Heringe kalt abspülen und mit Küchenpapier gründlich gut trockentupfen, dann innen und außen salzen.
- Das Öl in einer sehr großen Pfanne erhitzen, die Heringe von jeder Seite 2 1/2 - 3 Minuten darin braten und zum Entfetten auf Küchenpapier legen.
- Für die Marinade die Möhren schälen, waschen und in Scheiben schneiden. Die Zwiebel schälen und in Ringe zerteilen. Essig mit Wasser und Kräutern sowie Gewürzen aufkochen, das Gemüse zugeben und auf niedriger Stufe 5 - 6 Minuten weitergaren. Abkühlen lassen.
- Die Heringe in eine halbhohe, entsprechend große Form geben, mit dem Sud übergießen und 2 - 3 Tage im Kühlschrank ziehen lassen.

Beilage: Weißbrot oder Pell- bzw. Bratkartoffeln

Tip:

In Schleswig-Holstein bereitet man auf gleiche Art auch gerne sauer eingelegte Forellen zu. Verwenden Sie hierfür 4 frische, küchenfertig vorbereitete Fische à 450 - 500 g und verdoppeln Sie die Zutatenmenge für die Marinade.

Büsumer Räucherfisch - Krabbenpfanne

- 1 mittlere Zwiebel
- 1 kleine Knoblauchzehe
- 50 - 60 g Butter
- 1 Fleischtomate
- 400 g geräuchertes Heilbuttfilet
- 4 Eier
- 1 EL frisch geh. Schnittlauch
- Salz, weißer Pfeffer
- 1 kräftige Prise Cayennepfeffer oder 4 Tropfen Tabascosoße
- 150 g küchenfertige Krabben

● Zwiebel und Knoblauchzehe schälen, fein hacken und in einer größeren Pfanne – mit backofenfestem Griff – in der Butter glasig dünsten. Die Tomate heiß überbrühen, häuten, kleinschneiden und dazugeben. Den Heilbutt würfeln und 4 - 5 Minuten lang mitbraten, dabei einmal vorsichtig wenden.

● Die Pfanne von der Kochstelle nehmen. Den Backofen auf 200 - 220 °C vorheizen.

● Den Schnittlauch mit Eiern, Salz, Pfeffer, Cayennepfeffer oder Tabasco kräftig verrühren und über den Fisch gießen, dann die gewaschenen, abgetropften Krabben darüber verteilen.

● Die Pfanne in den Backofen stellen. Sind die Eier gestockt, herausnehmen und sofort servieren.

Beilage: Roggenbrötchen oder Graubrot

Hinweis:
Dieses Rezept ist für 2 Personen berechnet.

Gebratener Zander vom Kellersee

- 1 küchenfertiger Zander (ca. 1 kg)
- Saft 1/2 Zitrone
- Salz, weißer Pfeffer

Füllung:
- 1 altbackenes Brötchen
- 2 EL heiße Milch
- 1 Zwiebel
- 20 g Butter
- 30 g gewürfelter Speck
- etwas geh. Petersilie
- Pfeffer, Cayennepfeffer

Zum Braten:
- 80 - 100 g Speck, in Streifen geschnitten
- 50 g flüssige Butter
- 1/4 l süße Sahne
- 1/8 l trockener Weißwein
- 250 g frische Champignons

● Den Zander kurz kalt abspülen und mit Küchenpapier trockentupfen. Mit Zitronensaft, Salz sowie Pfeffer innen und außen einreiben. Etwa 15 Minuten lang durchziehen lassen.

● Für die Füllung das Brötchen fein schneiden, in eine Schüssel geben und mit heißer Milch beträufeln. In Butter angedünstete Zwiebel, Speck und Petersilie dazugeben, würzen. Den Zander damit füllen. Die Bauchöffnung zunähen oder feststecken.

● Den Backofen auf 190 - 210 °C vorheizen.

● Zum Braten beide Seiten des Fisches mit Speckstreifen spicken. Anschließend in ein passendes Bratgeschirr legen und in den heißen Backofen schieben. Nach ca. 10 Minuten mit flüssiger Butter beträufeln und weitere 20 - 30 Minuten braten lassen.

● Zwischendurch Sahne und Weißwein darübergeben.

● Die Champignons putzen, waschen und blättrig schneiden. Etwa 5 - 8 Minuten vor Ende der Bratzeit zum Fisch geben und mitdünsten.

● Das Bratgeschirr herausnehmen, den Fisch auf eine Platte geben, die Soße nochmals abschmecken und mit dem Fisch servieren.

Beilage: Bratkartoffeln, Salat

Gedünstete Miesmuscheln

2 kg Miesmuscheln	2 Petersilienstengel
1 Möhre, 1 Zwiebel	Soße:
1 Knoblauchzehe	Muschelsud
1/4 l trockener Weißwein	40 - 50 g Butter
1/2 Lorbeerblatt	1 EL geh. Petersilie
1 1/2 TL Pfefferkörner	1 TL Zitronensaft

● Die Muscheln gründlich waschen und abbürsten, die Bartfäden entfernen. Geöffnete Muscheln wegwerfen.

● In einen großen Suppentopf geben. Geschälte, kleingeschnittene Möhre sowie Zwiebel, frisch gepreßten Knoblauch, Wein, Lorbeer, Pfefferkörner und die Petersilienstengel hinzufügen.

● Auf der höchsten Stufe zugedeckt ca. 5 - 8 Minuten kochen, dabei den Topf mehrfach schütteln. Sobald sich die Muscheln öffnen, sind sie gar. Nicht geöffnete Muscheln aussortieren und wegwerfen. Abgießen, den Sud auffangen, die Muscheln in eine vorgewärmte Schüssel geben und den Sud einkochen, dann von der Kochstelle nehmen, die Butter einrühren.

● Nun die Soße mit Petersilie sowie Zitronensaft abschmecken und über die Muscheln gießen.

Beilage: Butter, Brot

Sylter Fischpastete

450 g Mehl	1 unbehandelte Zitrone
125 g Butterschmalz	2 cl trockener Sherry
1 TL Salz	Salz, Cayennepfeffer
3 Eier	500 g frischer Spinat
ca. 10 EL kaltes Wasser	1 Knoblauchzehe
500 g frisches Schollen- oder Forellenfilet, Butter	Butterschmalz für die Form
250 ml süße Sahne	1 EL Milch zum Bestreichen
125 g Toastbrot	frischer Dill und Zitronenscheiben als Garnitur
1 Zwiebel	

● Für den Teig das Mehl mit 100 g weichem Butterschmalz, Salz, 1 Ei sowie Wasser zu einem geschmeidigen Teig verkneten und kühlstellen.

● Für die Fischfarçe das frische Fischfilet kurz kalt abspülen, trockentupfen und in Butter weichdünsten. Abkühlen lassen. Schollen- oder Forellenfilets kleinschneiden.

● 125 ml Sahne erhitzen, das entrindete Toastbrot damit übergießen und ziehen lassen. Das Brot mit den Fischstückchen sowie der geschälten, sehr fein geschnittenen Zwiebel in eine Rührschüssel geben und durchkneten. Hierzu am besten den Elektroquirl einsetzen.

● Die Zitrone waschen, abtrocknen, reiben und auspressen.

● 1 Eigelb, 3 EL Zitronensaft, reichlich Zitronenschale, Sherry, Salz und Cayennepfeffer mischen und zur Fischmasse geben, unterkneten.

● 2 Eiweiße sowie den Rest der Sahne getrennt steif schlagen und daruntermischen.

● Den Spinat verlesen, waschen und sehr gut abtropfen lassen. Mit dem geschälten, gepreßten Knoblauch im restlichen Butterschmalz anbraten, dann mit Zitronensaft sowie Salz abschmecken und auf einem Sieb erkalten lassen.

Die
BUTTERSCHMALZ
Küche
Fischpastete

● Eine Kastenform (Länge 30 cm) mit Butterschmalz einfetten und mit 3/4 des ausgerollten Teiges auskleiden.

● Die Hälfte der Fischfarçe einfüllen. Den Spinat von Hand zu einer Rolle formen und der Länge nach einlegen, dann die restliche Fischmasse daraufgeben und mit dem übrigen Teigviertel abdecken, eventuell die Ränder verzieren. Mit einer Gabel Öffnungen für den Dampfabzug einstechen.

● Das restliche Eigelb mit der Milch verquirlen und die Teigoberseite damit gleichmäßig bestreichen.

● Nun die Pastete im vorgeheizten Backofen bei 200 °C etwa 20 Minuten backen, dann die Temperatur auf 180 °C reduzieren und weitere 60 Minuten backen. Anschließend im abgeschalteten Backofen noch 10 - 15 Minuten ausdampfen lassen, dann erst aus der Form nehmen.

● Die erkaltete Pastete mit einem scharfen Messer in Scheiben schneiden und mit Zitronenscheiben sowie frischem Dill garniert servieren.

Matjesfilets mit Äpfeln

8 frische Matjesfilets	weißer Pfeffer, 1 Prise Zucker
1/4 l Milch	1 Prise Piment
5 EL Salatmayonnaise	3 mittelgroße, aromatische Äpfel
1 Becher Sahnejoghurt	3 mittelgroße Zwiebeln
1/8 l süße Sahne	

● Die Matjes kurz kalt abspülen und mit Küchenpapier trockentupfen, dann in eine flache Schüssel legen, mit Milch übergießen und ca. 90 Minuten lang darin ziehen lassen.
● Die Mayonnaise mit dem Sahnejoghurt mischen, die Sahne steif schlagen und unterziehen. Mit Pfeffer, Zucker sowie Piment abschmecken.
● Die Äpfel schälen, vierteln, entkernen und in Scheiben schneiden. Die Zwiebeln ebenfalls schälen und in feine Ringe schneiden.
● Die Matjesfilets auf der

Marinade anrichten und mit Äpfel- sowie Zwiebelscheiben garniert servieren.
Beilage: Pellkartoffeln

Matjes auf grünen Bohnen

4 große Matjesfilets	150 g durchwachsener Speck, gewürfelt
1/2 l Buttermilch	50 g Butter
600 g grüne Bohnen	je 1/2 Bund Petersilie und Dill, fein gehackt
1 TL Bohnenkraut, Salz	
2 Zwiebeln, gewürfelt	

● Die Matjes kurz kalt abspülen und mit Küchenpapier trockentupfen, dann in eine flache Schüssel geben, mit Buttermilch übergießen und ca. 30 Minuten ziehen lassen.

● Inzwischen die Bohnen putzen, evtl. fädeln und waschen, gut abtropfen lassen. Mit dem Bohnenkraut in wenig gesalzenem Wasser in ca. 25 - 30 Minuten weichgaren; dann abgießen, abtropfen lassen und auf einer vorgewärmten Platte anrichten.

● In einer Pfanne die Butter erhitzen, Speck- und Zwiebelwürfel darin goldbraun braten, zuletzt die Kräuter dazugeben und kurz mitdünsten.

● Die Matjesfilets trockentupfen, auf den Bohnen anrichten und mit der Specksoße übergießen.

„Glückstädter Matjestopf“

– Matjes mit Birnen in Dillsahne –

10 Matjesfilets, Milch
2 Zwiebeln
2 größere Birnen
Saft 1/2 Zitrone
1 Bund frischer Dill
250 ml süße Sahne
200 ml saure Sahne
1 gestr. TL grob zerstossener, schwarzer Pfeffer

● Die Matjesfilets unter fließendem, kaltem Wasser waschen, mit Küchenpapier abtupfen. Danach herausnehmen und erneut trockentupfen.

● Inzwischen die Zwiebeln schälen, in feine Ringe schneiden und in kochendem Wasser 5 Minuten blanchieren. Auf ein Sieb geben und gut abtropfen lassen.

● Die Birnen waschen, halbieren, vom Kerngehäuse befreien und in feine Scheiben schneiden. Diese mit Zitronensaft beträufeln, damit sie nicht braun werden.

● Den Dill waschen, gut trocknen und kleinzupfen. Mit Sahne, saurer Sahne und Pfeffer verrühren.

● In einem dekorativen Tontopf abwechselnd Matjesfilets, Zwiebel- und Birnenscheiben ein-

schlichten. Mit der Dillsahne übergießen und 1 - 2 Tage lang im Kühlschrank gut zugedeckt durchziehen lassen, dann servieren.

Beilage: Geröstetes Toastbrot mit Butter

Interessant für Sie:
Eine besonders enge Beziehung zum Matjeshering hat die Stadt Glückstadt an der Elbe. Zur Matjeszeit im Juni werden hier die „Glückstädter Matjestage" eröffnet. Dann findet man in allen Lokalen die variationsreichsten Gerichte. Der „Glückstädter Matjestopf" ist ein traditionelles, überaus beliebtes Rezept.

Finkenwerder Speck-Schollen

4 küchenfertige Schollen à ca. 350 g	100 g geräucherter, durchwachsener Speck
Saft 1/2 Zitrone	1/2 Bund glatte Petersilie
Salz, weißer Pfeffer, Mehl	50 - 60 g Speiseöl
150 g frische Champignons	Zitronenachtel als Garnitur

● Die Schollen unter fließendem, kaltem Wasser abspülen, dann trockentupfen, salzen und mit Zitronensaft beträufeln. Etwa 30 Minuten lang durchziehen lassen, dann erneut trockentupfen, pfeffern und in Mehl wenden.

● Die Champignons waschen, abtropfen lassen und halbieren oder vierteln. Den Speck fein würfeln. Die gewaschene Petersilie zerteilen.

● Das Öl in einer großen Pfanne erhitzen, Pilze und Speck darin kurz anbraten und herausnehmen. Nun die Schollen darin von jeder Seite ca. 5 - 7 Minuten bei milder Hitze braten, dann herausnehmen und auf vorgewärmte Teller legen.

● Speck, Pilze und die feingeschnittene Petersilie nochmals kurz durchschwenken. Über die Schollen verteilen und mit Zitronenachteln garniert servieren.

Beilage: Salzkartoffeln, Salat
Interessant für Sie:
Die Schollen gehören zu den Plattfischen. Sie sind fettarm, enthalten viel Eiweiß und liefern wichtige Mineralstoffe. Man kann sie das ganze Jahr über essen. Kenner bevorzugen jedoch die kleinen, besonders zarten und schmackhaften Schollen, die vornehmlich im Mai gefangen werden.

Helgoländer Fischklößchen

- ca. 150 g Weißbrot ohne Rinde
- 250 ml süße Sahne
- 1 kleine Zwiebel
- 2 EL Butter
- 400 g Seezungenfilet
- 1 Eiweiß
- 1 Prise frisch geriebener Muskat
- Salz, weißer Pfeffer
- 1 l Fischsud oder gesalzenes Wasser
- Salat und Fischrogen als Garnitur

● Das Weißbrot in kleine Würfel schneiden, in eine Schüssel geben, mit Sahne begießen, mischen und einweichen lassen.

- Die Zwiebel schälen, sehr fein hacken und in der Butter glasig dünsten. Abkühlen lassen.

- Das Seezungenfilet auf Gräten überprüfen, kurz kalt abspülen, mit Küchenpapier gut trockentupfen und durch die feine Scheibe des Fleischwolfs drehen oder in der Küchenmaschine pürieren.

- Mit Weißbrot, Sahne, Zwiebel und Eiweiß zu einer geschmeidigen Masse verarbeiten. Mit Muskat, Salz sowie Pfeffer kräftig würzen, dann kaltstellen.

- In einem größeren Topf den Fischsud oder das gesalzene Wasser erhitzen. Aus der Masse mit einem in heißes Wasser eingetauchten Eßlöffel kleine Klößchen abstechen und diese in die heiße, nicht mehr kochende Flüssigkeit geben.

- Die Kochstelle sofort herunterschalten und die Klößchen in ca. 10 - 15 Minuten – je nach Größe – garziehen lassen.

- Auf vorgewärmten Tellern anrichten, mit Salat und Fischrogen dekorieren und sofort servieren.

Beilage: Geröstetes Weißbrot

Aal in Dillsahne
(Plöner Spezialität)

1 kg frischer, küchenfertiger Aal	1 kleines Lorbeerblatt
Salz, weißer Pfeffer	1 Stückchen Schale einer unbehandelten Zitrone
ca. 1/4 l Wasser	1/2 Bund frischer Dill
ca. 1/8 l trockener Weißwein	50 g Butter, 2 Eigelb
1 kleine Zwiebel	Saft 1/2 Zitrone
	Sahne

● Den Aal abziehen, kalt abspülen, mit Küchenpapier trockentupfen und in ca. 4 cm lange Stücke schneiden, dann würzen.

● Wasser, Wein, geschälte und feingehackte Zwiebel, Lorbeerblatt und Zitronenschale in einen Topf geben und aufkochen.

● Die Aalstücke hineinlegen und in ca. 15 Minuten bei mittlerer Hitze weichgaren.

● Fischstücke mit Hilfe einer Schöpfkelle herausheben, auf eine vorgewärmte Platte legen und zugedeckt warmhalten.

● Den Sud noch etwas einkochen lassen. Butter sowie gewaschenen, feingehackten Dill einrühren, dann den Topf von der Kochstelle nehmen und die Soße mit Eigelb legieren. Zuletzt mit Zitronensaft und Sahne abrunden, nochmals abschmekken, gleichmäßig über die Aalstücke verteilen und sofort servieren.

Beilage: Gurkensalat, Stampfkartoffeln

Tip:
Sollten die Aalstücke recht dick sein, so verwenden Sie ca. 3/4 l Flüssigkeit (1/2 l Wasser und 1/4 l trockener Weißwein) zum Garen.
Binden Sie die Soße zusätzlich mit 1 EL Speisestärke, die zuvor in etwas kaltem Wasser angerührt wurde.

Gefüllte grüne Fleckheringe

6 - 8 frische, grüne Fleckheringe ohne Kopf und Gräten (ca. 800 g)

Füllung:
300 g Mangold oder Spinat
1 große Zwiebel
1 Knoblauchzehe
60 g Butter
75 ml trockener Weißwein
40 g Mandelstifte
40 g ger. Parmesankäse
Salz, weißer Pfeffer, Muskat
50 g Butter
50 g Semmelmehl

● Die Heringsfilets unter fließendem, kaltem Wasser gründlich waschen. Mit Küchenpapier trockentupfen, dann salzen und pfeffern. Kühlstellen.

● Mangold oder Spinat gründlich verlesen, dann mehrmals waschen, gut abtropfen lassen und in kochendem Salzwasser ca. 5 Minuten blanchieren. Abgießen und ausgekühlt fein zerschneiden.

● Zwiebel und Knoblauchzehe schälen, fein hacken und in der Butter glasig dünsten. Das Gemüse und den Wein dazugeben, einmal umrühren, gut andünsten, dann von der Kochstelle nehmen. Mandelstifte und Parmesan untermischen. Mit Salz, Pfeffer und Muskat kräftig abschmecken.

● Die Heringe mit der Hautseite nach unten auf die Arbeitsfläche legen. Die Gemüsefüllung darauf verteilen und so aufrollen, daß der Schwanz nach oben zeigt.

● In eine mit der Hälfte der Butter ausgefettete, backofenfeste Form legen. Mit Semmelmehl bestreuen und die restliche Butter darüber verteilen.

● Bei 200 - 220 °C im vorgeheizten Backofen in ca. 25 - 30 Minuten garen.

Beilage: Weißbrot oder Reis, Kopfsalat

Hamburger „Pfannfisch“

500 g Reste von gekochtem oder gebratenem Fisch	3 EL Butter
800 g vorgekochte Pellkartoffeln	100 ml Süße Sahne
125 g durchwachsener Speck, fein gewürfelt	2 EL Senf
	Salz, weißer Pfeffer
	2 kleine Essiggurken
	1 EL geh. Petersilie

● Den Fisch in möglichst große Stücke zerteilen und von den Gräten befreien. Die Kartoffeln schälen und in Scheiben schneiden.

● Die Butter in einer größeren Pfanne schmelzen, die Speckwürfel hineingeben und ausbraten. Die Kartoffeln zufügen, unter mehrmaligem Wenden knusprig braun werden lassen, dann die Fischwürfel dazugeben und miterhitzen.

● Sahne mit Senf verrühren, darübergießen, etwa 5 Minuten einziehen lassen und würzen. Zuletzt die in feine Würfel geschnittenen Gurken unterheben und das Gericht mit gehackter Petersilie bestreut servieren.

Interessant für Sie:
Der „Hamburger Pfannfisch“ – mancherorts auch als „Pannfisch“ bezeichnet – ist ein typisches, altbewährtes Rezept für die Resteverwertung von gekochtem oder gebratenem Fisch. Anstelle der Sahne können Sie auch Fischsud dazugeben.

Eutiner Lammbraten

1 Lammkeule mit Knochen, ca. 2 kg	3 EL Butterschmalz
Salz, Pfeffer aus der Mühle	1/4 l Brühe
2 EL Senf	2 Zwiebeln, 1 EL Mehl
	5 EL süße Sahne

● Die Lammkeule von Fett und Sehnen befreien, dann gut kalt abspülen und mit Küchenpapier trockentupfen. Mit Salz, Pfeffer und Senf einreiben.

● Das Butterschmalz in einem geeigneten Bräter erhitzen, die Keule darin von allen Seiten scharf anbraten, mit Brühe ablöschen und geschälte, halbierte Zwiebeln dazugeben.

● Zugedeckt bei 200 - 220 °C im Backofen schmoren lassen, dabei gelegentlich begießen.

● Die Lammkeule herausnehmen und warmstellen. Den Bratenfond durch ein Sieb streichen. Mehl mit Sahne verrühren, die Soße damit binden und nochmals abschmecken.

Beilage: Gedünstete, grüne Bohnen, Béchamelkartoffeln

Hamburger „Rundstück“

4 frische Rundstücke	Salz
8 Scheiben Kalbs- oder Schweinebraten	weißer Pfeffer
4 halbierte Gewürzgurken	gut abgeschmeckte Bratensoße (Rest)

● Die Rundstücke halbieren, auf Teller geben, jede Hälfte mit einer Bratenscheibe sowie einer in Fächer geschnittenen Gewürzgurke belegen.

● Würzen, dann mit der sehr heißen Bratensoße übergießen und sofort servieren.

Tip:
Anstelle der Gewürzgurken können Sie auch Salatblätter und Tomatenscheiben verwenden.

Interessant für Sie:
In Hamburg bezeichnet man die dort erhältlichen, länglichen Brötchen als „Rundstücke". Sie können das Gericht jedoch auch mit jedem anderen Baguette-Brötchen anrichten. Das warme Rundstück war früher ein typisches „Montagsessen", für das man Reste vom Sonntagsbraten (Fleischscheiben, Soße) weiterverwendete.

Gefülltes Schweinefilet mit Fliederbeerensoße

600 g Schweinefilet

4 Rindermarkknochen

150 g Schweine- oder Kalbsleber

2 - 3 Toastbrotscheiben, ohne Rinde

50 g Butterschmalz

1/2 Bund Petersilie

1 kl. Zweig Rosmarin

Salz, Pfeffer aus der Mühle

30 g Butterschmalz zum Braten, Küchengarn

Für die Fliederbeerensoße:

3 kleine Zwiebeln oder Schalotten

20 g Butter

1/8 l lieblicher Rotwein

1/8 l Fliederbeeren-(Holunderbeeren-)Saft

1/8 l Portwein oder Sherry

30 g kalte Butter

● Das Schweinefilet kurz kalt abspülen und mit Küchenpapier trockentupfen. Die Filetspitze abschneiden und feinhacken.

● Die gewaschenen Markknochen in kochendem Salzwasser ca. 6 - 8 Minuten ziehen lassen und herausnehmen. Leicht abgekühlt mit einem spitzen Messer das Mark herauslösen und pürieren. Die gewaschene, trockengetupfte Leber und das Toastbrot in kleine Würfel schneiden. In heißem

Butterschmalz anbraten, etwas erkalten lassen und mit dem Mark, der gehackten Filetspitze und den Gewürzen vermischen.

● Das Schweinefilet der Länge nach einschneiden, auseinanderklappen, die Füllung daraufgeben, wieder zusammenlegen und mit Küchengarn festbinden.

● Das Butterschmalz erhitzen und das Filet von allen Seiten kräftig darin anbraten, dann herunterschalten und in ca. 20 Minuten fertigbraten.

● Für die Soße die Butter schmelzen, die geschälten, feingehackten Zwiebeln oder Schalotten darin andünsten, Rotwein sowie Fliederbeerensaft dazugeben und ca. 6 - 8 Minuten offen einkochen lassen. Dann den Portwein oder Sherry dazugießen, den Fleischbratensaft einrühren, kurz erhitzen, von der Kochstelle nehmen und die kalte Butter einschlagen.

● Das Filet in Scheiben schneiden und mit der Soße servieren.

Beilage:
Béchamelkartoffeln

Flensburger Sauerfleisch

750 g leicht gepökeltes, mageres Schweinefleisch
Butter oder Margarine
1/2 l heißes Wasser
2 Lorbeerblätter
3 Nelken
Salz, 6 weiße Pfefferkörner
2 EL Obst- oder Weinessig
ca. 1/4 l Obst- oder Weinessig
trockener Weißwein
3 Nelken
1 - 2 Lorbeerblätter
8 schwarze Pfefferkörner
1 1/2 TL Salz
250 g kleine Möhren
250 g dünne, grüne Bohnen
250 g kleine Champignons
12 Blatt weiße Gelatine

● Das Fleisch kurz kalt abspülen, mit Küchenpapier trockentupfen und in größere Würfel schneiden. Kurz von allen Seiten in heißem Fett anbraten,

dann mit Wasser ablöschen, Gewürze und Essig zufügen und ca. 30 - 40 Minuten auf niedriger Stufe, zugedeckt, weichgaren.

● Durchsieben, die Fleischwürfel abkühlen lassen und die aufgefangene Brühe auf ein 3/4 l mit Wein auffüllen, dann 1/4 l Essig, Nelken, Lorbeer, Pfefferkörner und Salz dazugeben und nochmals durchkochen.

● Abkühlen lassen, die Fettschicht abheben und durchsieben.

● Inzwischen das Gemüse putzen, waschen und ca. 5 Minuten in Wasser blanchieren, dann abgießen und zum Auskühlen beiseite stellen.

● Die Brühe mit Wasser auf 1 Liter auffüllen, erhitzen und die eingeweichte ausgedrückte Gelatine darin gleichmäßig auflösen.

● In eine Kastenform (z.B. aus Glas) etwas Gelatinebrühe gießen, die Hälfte der Fleischwürfel einschichten, darüber das Gemüse dekorativ verteilen, Brühe angießen und zuletzt eine Lage Fleisch auflegen. Mit der restlichen Brühe bedecken.

● Die Kastenform einige Male auf der Arbeitsplatte vorsichtig aufstoßen, damit Luftbläschen entweichen können.

● Vollständig abgekühlt im Kühlschrank ca. 12 Stunden lang gelieren lassen.

Beilage: Bratkartoffeln, Rote Beete-Salat

Tip:
Anstelle von Schweinefleisch können Sie auch portioniertes Gänsefleisch verwenden.

Friesisches Pökelfleisch mit Meerrettichsahne

800 g - 1 kg gepökelte Rinderbrust	150 g Sellerie
1 1/2 l Wasser	1 Petersilienwurzel
3 Zwiebeln, 1 Lorbeerblatt	Für die Meerrettichsahne: 200 ml süße Sahne
4 Gewürznelken	2 EL frisch ger. Meerrettich
4 Wacholderbeeren	Salz, 1 Msp. Zucker
8 schwarze Pfefferkörner	1 Glas Rote Beete (375 g)
250 g Möhren	1 Glas Senfgurken (375 g)

● Die Rinderbrust kurz kalt abspülen und mit Küchenpapier trockentupfen. Mit den geschälten, kleingehackten Zwiebeln sowie allen Gewürzen in einen großen Topf geben und aufkochen. Abschäumen, dann herunterschalten und bei milder Hitze ca. 2 Stunden lang köcheln lassen.

● Das Gemüse putzen, schälen, kleinschneiden und 30 Minuten vor Ende der Garzeit zum Fleisch geben.

● Die Sahne steif schlagen, den Meerrettich unterziehen und würzen.

● Das Fleisch aus der Brühe nehmen, in feine

Scheiben schneiden, auf einer Platte anrichten und mit den Gemüsen umlegen.

● Rote Beete, Senfgurken und Sahnemeerrettich separat dazu reichen.

Beilage: Schwarzbrot

Labskaus

750 g gepökeltes Rindfleisch (z.B. Keule oder Brust)	1 kg Kartoffeln
1 Lorbeerblatt	2 mittlere Zwiebeln
1 TL weiße Pfefferkörner	40 - 50 g Butter
1 Nelke	4 Matjesfilets
1 Stange Porree (Lauch)	2 Gewürzgurken
1 kleine Sellerieknolle	400 g vorgekochte, rote Rüben (Rote Beete)
1 Möhre	4 Spiegeleier
1 kleine Petersilienwurzel	2 Gewürzgurken

● Das gepökelte Rindfleisch mit dem Wasser in einen großen Topf geben, die Gewürze hinzufügen und nach dem Aufkochen ca. 1 1/2 Stunden bei mittlerer Hitze garziehen lassen. Anfangs den sich bildenden Schaum vorsichtig mit Hilfe einer Schöpfkelle abheben.

● Nach ca. 1 Stunde das geputzte, geschälte, gewaschene und kleingeschnittene Gemüse dazugeben.

● Die Kartoffeln schälen, waschen und ohne Salzzugabe, getrennt, sehr weich kochen, dann abgießen.

● Die Zwiebeln ebenfalls schälen, würfeln und in 1 EL Butter glasig dünsten.

● Fleisch und Gemüse aus der Brühe nehmen. Das Fleisch kleinschneiden. Mit den Kartoffeln, dem Matjesfilet, den Zwiebeln, den Gewürzgurken und den roten Rüben nacheinander durch die mittlere Scheibe des Fleischwolfes drehen. So viel Fleischbrühe dazugeben, daß ein weicher Brei entsteht. Mit Salz und Pfeffer abschmecken, dann nochmals kurz erwärmen.

● Die Spiegeleier in der restlichen Butter braten.

● Den Labskaus auf vorbereitete Teller verteilen, darauf je ein Ei geben und mit Gurkenfächern garniert servieren.

Beilage: Bauernbrot

Tips:
Das Rindfleisch sollten Sie am besten einige Tage vorher beim Metzger bestellen und pökeln lassen, damit es durch und durch rosafarben wird. Zum Labskaus servieren Sie ein kühles Bier und nachher einen guten „Korn".

Interessant für Sie:
Eine alte Geschichte erzählt, daß auf längeren Fahrten, dann, wenn der Proviant langsam zu Ende ging, dem Schiffskoch oft nichts anderes übrig blieb, als alle „Reste" zusammen zu mischen. Gepökeltes Fleisch und Salzheringe waren immer dabei, denn die ließen sich monatelang aufbewahren. Der Labskaus ist ein altes „Seemannsgericht", das an der gesamten Nord- und Ostseeküste beliebt ist.

Gefüllte Schweinebrust Holsteiner Art

1,5 kg Schweinebrust mit Schwarte (vom Metzger eingeschnitten)	Schale und Saft 1/2 unbehandelten Zitrone
Salz, Pfeffer, Küchengarn	125 g Semmelmehl
Füllung: 400 g säuerliche Äpfel	1 Eigelb, Salz, Pfeffer
250 g Backpflaumen	Zum Braten: 40 g Butterschmalz
1 - 2 EL Zucker	1/4 l Brühe, 1 - 2 EL Stärkemehl

● Die Schweinebrust kurz kalt abspülen und mit Küchenpapier trockentupfen, dann die Schwarte karoförmig einschneiden und das Fleisch innen sowie außen würzen.

● Die Äpfel waschen, abtrocknen, achteln und vom Kernhaus befreien. In eine Schüssel geben. Die Backpflaumen entkernen. Mit den Äpfeln, Zucker, Zitronensaft sowie -schale,

Semmelmehl, verschlagenem Eigelb sowie Gewürzen gut durchmischen. Den Braten damit füllen und zunähen.

● Auf der Kochstelle in einem ausreichend großen Bräter mit passendem Deckel in heißem Butterschmalz rundum anbraten. Etwas Brühe angießen, zudecken und im auf 200 - 220 °C vorgeheizten Backofen ca. 90 Minuten lang schmoren lassen. Den Deckel abheben und weitere 30 Minuten offen braten, dabei erneut mit Brühe bestreichen.

● Das Fleisch herausnehmen und warm stellen. Den Fond loskochen, etwas Fett abschöpfen und mit in kaltem Wasser angerührtem Stärkemehl binden.

● Das Küchengarn entfernen, den Braten in Scheiben schneiden und die Soße separat dazu servieren.

Beilagen: Stampfkartoffeln, Rotkohl

Schnitzel Holsteiner Art

4 Schweineschnitzel à ca. 150 g	4 Eier
1 EL Mehl, 1 Ei	4 Sardellenfilets, gewässert
50 g Semmelmehl	1 Prise edelsüßes Paprikapulver
50 - 60 g Butterschmalz	Salz, Pfeffer
1 EL Butter	4 mittlere Essiggurken

● Die Schnitzel kurz kalt abspülen, mit Küchenpapier trockentupfen und leicht flachklopfen, dann pfeffern. Mit Mehl bestreuen, dann durch verschlagenes Ei ziehen und in Semmelmehl wenden. In einer größeren Pfanne das Butterschmalz erhitzen und die Schnitzel darin von beiden Seiten je ca. 5 Minuten braten.

● Gegen Ende der Zeit in einer zweiten Pfanne die Butter auslassen und darin die Eier zu Spiegeleiern ausbraten. Die Sardellenfilets trockentupfen.

● Die Schnitzel auf vorbereiteten Tellern anrichten,

darauf je ein Spiegelei setzen und die Eigelbe mit einem Sardellenfilet umlegen. Paprikapulver darüberstreuen und mit Salz sowie Pfeffer würzen.

● Die Essiggurken zu Fächern schneiden und dekorativ dazu legen.

Beilage: Petersilienkartoffeln, Grüner Salat mit Sahnesoße

Kasseler-Birnen-Topf aus Nordfriesland

800 g ausgelöstes Kasseler	300 g Birnen
150 g magerer Speck	40 - 50 g Butterschmalz
3 Zwiebeln	5 - 6 weiße Pfefferkörner
400 g Möhren	1 Lorbeerblatt
500 g Kartoffeln	1/2 l Fleischbrühe

● Das Kasseler kurz kalt abspülen, mit Küchenpapier trockentupfen und in Scheiben schneiden. Den Speck würfeln, die Zwiebeln schälen und vierteln. Die Möhren putzen, waschen und halbieren. Die Kartoffeln schälen, in ca. 2 cm dicke Scheiben schneiden und waschen. Die Birnen kalt abspülen, trocknen, achteln und vom Kerngehäuse befreien.

● Das Butterschmalz in einem größeren Bräter mit passendem Deckel erhitzen. Speck und Zwiebeln darin anrösten, dann abwechselnd Möhren, Kartoffelscheiben sowie Birnen einschichten. Pfefferkörner und Lorbeer zugeben und die Fleischbrühe angießen.

● Die Kasselerscheiben obenauf legen und das Gericht im geschlossenen Topf bei 200 - 220 °C in 50 - 60 Minuten im Backofen garen.

Vierländer Entenbraten

Füllung:

- 500 g säuerliche Äpfel
- 2 EL Butter
- 1/2 Tasse trockener Weißwein
- 1 TL Zucker
- 1 Prise Kardamom
- 100 g geriebenes Weißbrot
- 100 g entsteinte, eingeweichte Backpflaumen

Zum Braten:

- 1 frische, küchenfertige Mastente (ca. 2 kg)
- Salz, weißer Pfeffer
- etwas Thymian
- Rotwein, heißes Wasser
- 1 EL Butter, Salz

● Für die Füllung die Äpfel schälen, vierteln, vom Kernhaus befreien und kleinschneiden. Die Butter in einem Topf zerlassen, die Äpfel dazugeben, Wein, Zucker sowie Kardamom darüber verteilen, umrühren und zugedeckt ca. 5 Minuten dünsten. Abgekühlt das Weißbrot sowie die kleingeschnittenen Backpflaumen untermischen.

● Die Ente unter fließendem kaltem Wasser abspülen, mit Küchenpapier trockentupfen und innen würzen. Die vorbereitete Füllung in die Ente geben, dann zunähen oder die Öffnungen zustecken.

● Den Backofen auf 190 - 210 °C vorheizen.

● Die Ente mit der Brustseite nach unten in ein Bratgeschirr legen, Rotwein und heißes Wasser angießen, dann das Geflügel in ca. 2 Stunden offen braten. Zwischendurch einmal wenden und gelegentlich begießen.

● Ca. 10 Minuten vor Ende der Bratzeit mit weicher Butter, die mit Salz vermischt wurde, bestreichen.

● Ist die Bratzeit abgelaufen, die Ente herausnehmen, den Fond aufkochen, evtl. binden und separat dazu servieren.

Beilage: Rotkohl, Kartoffeln

Tip:
Ist das Bratgeschirr groß genug, so geben Sie ca. 20 Minuten vor Ende der Bratzeit etwas 600 - 700 g kleine Pellkartoffeln hinein, die dann im heißen Fond mitbraten.

Variation: Ente mit Lüb'scher Füllung

125 g Rosinen	250 g Weißbrotwürfel
1/2 Tasse Rum	je 1 Msp Thymian, Kardamom und Zimt
3 - 4 säuerliche Äpfel (ca. 500 g)	ca. 1/4 l trockener Weißwein
1 EL Butterschmalz	

● Für diese Füllung zunächst die Rosinen heiß waschen, gut abtropfen lassen, in eine Schüssel geben und den Rum darüberträufeln. Zugedeckt ca. 30 Minuten ziehen lassen.

● Die Äpfel waschen, trockenreiben, vierteln, vom Kerngehäuse befreien und grob würfeln. In heißem Butterschmalz andünsten, dann in eine Schüssel geben, Brotwürfel, Gewürze, Rumrosinen und so viel Weißwein hinzufügen, daß eine geschmeidige Masse entsteht.

● Die vorbereitete Ente damit füllen und wie auf Seite 52 beschrieben zubereiten.

Grüner Salat mit Sahnesoße

1 großer, frischer Kopfsalat	1 kleine geh. Zwiebel
1 EL Zitronensaft oder Essig	je 1 Prise Salz, Pfeffer
1/4 TL Zucker	1 EL frisch geh. Petersilie
	1/8 l süße Sahne

● Den Kopfsalat putzen, die Blätter einzeln vorsichtig waschen und gut abtropfen lassen oder trockenschleudern.

● In einer ausreichend großen Salatschüssel Zitronensaft oder Essig mit Zucker, Zwiebeln, Gewürzen sowie Petersilie verrühren. Zuletzt die Sahne dazugeben und die Salatblätter untermischen. Sofort servieren.

Hanseatischer Grünkohltopf

- 2 kg frischer Grünkohl
- reichlich Salzwasser
- 2 Zwiebeln
- 40 - 60 g Schweine- oder Gänseschmalz
- 1/2 l Brühe oder Wasser
- Salz, frisch gem. Pfeffer
- 4 Scheiben geräuchertes Kasseler (ca. 600 - 700 g)
- 4 Mettwürste
- 2 EL Haferflocken oder 1 gekochte Kartoffel

● Den Grünkohl putzen, die Blätter von den Stielen abstreifen und gründlich waschen. In sprudelnd kochendes Salzwasser geben, nach ca. 5 Minuten abgießen und sofort kalt abschrecken. Abtropfen lassen, dann mit einem scharfen Messer grob hacken.

● Die Zwiebeln schälen und würfeln. In einem größeren Topf das Fett erhitzen, die Zwiebeln darin glasig dünsten, den Grünkohl hinzugeben und gut durchrühren. Mit Brühe oder Wasser aufgießen und mit Salz sowie Pfeffer würzen. Zugedeckt ca. 45 Minuten auf niedriger Stufe garen lassen, dann die Kasseler-Scheiben und Mettwürste dazugeben. Eventuell noch etwas Wasser angießen. 30 - 40 Minuten weitergaren, dann Fleisch und Würste herausnehmen, warmstellen.

● Haferflocken oder geriebene Kartoffel zum Binden der Flüssigkeit unter den Kohl mischen und kurz durchkochen lassen, dann das Gericht servieren.

Beilage: Salz- oder Bratkartoffeln

Tip:
Grünkohl ist ein typisches Wintergemüse, das nach dem ersten Frost am besten schmeckt. Wird er nur mit Kasseler serviert, so kann man zum Schluß auch ca. 175 g geröstete Speckwürfel daruntermischen.

Pfeffer

Raffinierter Apfel-Matjes-Salat

4 küchenfertige Matjesfilets	3 Gewürzgurken
Mineralwasser	100 g Salatmayonnaise
4 hartgekochte Eier	etwas Gurkensud
4 kleine, aromatische Äpfel (ca. 500 g)	Salz, weißer Pfeffer
2 EL Zitronensaft	1 Prise Zucker
	Dill zum Garnieren

● Die Matjesfilets kurz kalt abspülen, trockentupfen, in eine flache Schüssel legen und mit Mineralwasser bedeckt ca. 1 1/2 Stunden lang wässern.

● Inzwischen die Eier schälen, aus einem Ei das Eigelb herauslösen, zerkleinern und beiseite stellen. Das Eiweiß sowie die restlichen Eier würfeln.

● Die Äpfel waschen, vierteln, entkernen und kleinschneiden. Sofort mit Zitronensaft beträufeln. Mit den kleingewürfelten Gurken und den vorbereiteten Eiern mischen.

● Die Mayonnaise mit dem Gurkensud verrühren und zur Apfelmischung geben. Zuletzt die trockengetupften, in feine Streifen geschnittenen Matjesfilets dazugeben und den Salat gut durchmischen. Mit Salz, Pfeffer sowie Zucker abschmecken und mit gehacktem Eigelb und Dill garnieren. Gut gekühlt servieren.

Beilage: Schwarzbrot

Birnen, Bohnen und Speck

(„Groter Heini")

500 g durchwachsener, geräucherter Speck	Salz
1/2 TL schwarze Pfefferkörner	4 Kochbirnen (ca. 500 g)
1 l Wasser	1 gestr. EL Stärkemehl, Wasser
1 kg grüne Bohnen	weißer Pfeffer
1/2 Bund Bohnenkraut	2 EL geh. Petersilie

● Den Speck zusammen mit den Pfefferkörnern in das erhitzte Wasser geben und auf niedriger Stufe ca. 30 Minuten kochen lassen.

● Inzwischen die Bohnen abfädeln, waschen, abtropfen und in ca. 4 cm lange Stücke brechen oder schneiden. Mit dem gewaschenen Bohnenkraut zum Speck geben, dann salzen.

● Die Birnen waschen, trockenreiben, die Blütenansätze mit einem spitzen Messer herausschneiden und die Früchte so in den Topf legen, daß sie mit Flüssigkeit bedeckt sind. Nochmals aufkochen, dann zugedeckt in ca. 30 Minuten fertiggaren.

● Die Brühe in einen zweiten Topf abgießen, mit in kaltem Wasser angerührtem Stärkemehl binden, kurz aufkochen und nochmals abschmecken. Den Speck in Scheiben schneiden und mit den Birnen sowie Bohnen in einer vorgewärmten Schüssel anrichten. Zuletzt die Soße darüber geben, mit gehackter Petersilie bestreut servieren.

Beilage: Salz- oder Stampfkartoffeln

Tip:
Wichtig ist, daß Sie für dieses Gericht zwar reife, jedoch eher feste Kochbirnen verwenden.

Blumenkohl-Pudding mit Käse-Kresse-Soße

Für den Kohlpudding:
100 g Butter oder Margarine
125 g Mehl
1/2 l Milch
Salz, Muskat
4 Eigelb
600 g geputzte, gleichgroße Blumenkohl-Röschen
90 g Grieß
4 Eiweiß
Fett und Semmelmehl für die Form

Für die Käse-Kressesoße:
40 g Butter oder Margarine
30 g Mehl
300 ml kalte Brühe
200 ml Sahne
Salz, weißer Pfeffer
1 Ecke Schmelzkäse oder 70 g geriebener Käse
2 Kästchen frische Kresse

● Die Butter in einem mittelgroßen Topf erhitzen, das Mehl darin gründlich anschwitzen, dann nach und nach die Milch hinzufügen und unter beständigem Rühren kochen lassen. Mit Salz und Muskat kräftig abschmecken. Etwa 15 Minuten auf niedriger Stufe köcheln lassen. Abgekühlt die Eigelbe einzeln unterziehen und beiseite stellen.

● Wasser mit Salz zum Kochen bringen, die gewaschenen Blumenkohlröschen hineinlegen und bei niedriger Hitze in ca. 10 Minuten „bißfest" garen. Abgießen, kalt überbrausen, abtropfen lassen.

● Den Grieß in die kalte Milch-Eimasse einrühren. Eiweiß steifschlagen und darunter ziehen. Zuletzt die zerkleinerten Blumenkohlröschen untermischen.

● Eine Kochpuddingform mit passendem Deckel sorgfältig einfetten und mit Semmelmehl ausstreuen. Die Blumenkohlmasse so einfüllen, daß ca. 1/4 der Form frei bleibt, dann die Form verschließen.
In einem entsprechend großen Topf Wasser lauwarm werden lassen, die Form hineinsetzen – das Wasser muß etwa 2/3 hochstehen – den Topf zudecken und bei leicht kochendem Wasser den

Pudding in ca. 75 Minuten garen lassen.

● Für die Soße das Fett in einem Topf erhitzen, das Mehl darin anschwitzen, mit Fleischbrühe aufgießen, gut durchkochen lassen, dann herunterschalten. Gut durchrühren, auf niedriger Stufe weiterziehen lassen, dann Sahne, Gewürze und Käse dazugeben. Umrühren.

● 1 Kästchen Kresse mit Hilfe einer Küchenschere abschneiden, hinzufügen.

● Die Puddingform aus dem Wasserbad nehmen, öffnen, kurz abdampfen lassen, dann den Blumenkohl-Pudding auf einen großen Teller stürzen. Mit dem zweiten Kästchen Kresse dekorieren und die Soße separat dazu reichen.

Rote-Beete-Salat

1 kg rote Beete

2 - 3 säuerliche Äpfel, z.B. Boskop

1/2 TL Anis

etwas frisch geriebener Meerrettich

Marinade:

6 EL Obst- oder Weinessig

3 EL Wasser

1/2 TL Salz, weißer Pfeffer

1 TL Zucker

4 EL Öl

● Die rote Beete so von Blättern und Wurzeln befreien, daß die Knollen nicht verletzt werden, dann unter fließendem Wasser gründlich bürsten. In einem großen Topf, mit reichlich Wasser bedeckt in ca. 50 - 60 Minuten – je nach Größe – weichkochen. Abgießen, unter kaltes Wasser halten, dann abschälen und in dünne Stifte raspeln.

● Die Äpfel schälen, vierteln, vom Kernhaus befreien und grob würfeln. Mit dem Anis unter die rote Beete mischen.

● Für die Marinade alle Zutaten verrühren, darübergeben, gut untermischen und den Salat nach dem Abkühlen nochmals abschmecken.

● Zuletzt mit etwas frisch geriebenem Meerrettich bestreuen, dann servieren.

„Süße" Kartoffeln

(Zuckerkartoffeln)

1 kg kleine Kartoffeln, möglichst festkochende

50 g Butter oder Margarine

2 EL Zucker, Salz

● Die Kartoffeln waschen, in der Schale kochen, noch heiß pellen und warmstellen.

● Das Fett in einer größeren Pfanne erhitzen, den Zucker unter ständigem Rühren darin hellbraun rösten (karamelisieren) lassen, dann die Kartoffeln hineingeben, salzen und unter häufigem Schütteln knusprig braun braten.

Tip:
Diese „süßen" Kartoffeln passen zu allen Grünkohl-Gerichten, aber auch zu anderen Kohlsorten und deftigen Fleischspeisen wie beispielsweise Kasseler.

Hamburger Béchamelkartoffeln

1 kg Kartoffeln	1/4 l Milch oder Sahne
1 große Zwiebel	Salz, weißer Pfeffer
40 g durchwachsener Speck	1 kräftige Prise Muskat
40 g Butter oder Margarine	1 Prise Zucker
40 g Mehl, 1/2 l Brühe	1 EL Obstessig nach Belieben

● Die Kartoffeln in der Schale kochen, noch heiß pellen und in dicke Scheiben schneiden, warmhalten.

● Die Zwiebel schälen und kleinhacken. Den Speck fein würfeln. Das Fett in einer großen Pfanne erhitzen, Speck sowie Zwiebeln darin rösten, dann das Mehl darüberstreuen und hellgelb mitrösten. Mit Brühe und Milch oder Sahne unter beständigem Rühren ablöschen, einmal aufkochen, dann herunterschalten und 15 - 20 Minuten unter gelegentlichem Rühren leicht köcheln lassen.

● Die Kartoffelscheiben in die heiße Soße geben, würzen, vorsichtig durchmischen und ca. 5 - 10 Minuten ziehen lassen. Mit Zucker und nach Belieben mit Essig abschmecken.

Beilage zu: Gebratenem Fisch, z.B. Scholle, Aal und gebratenem Fleisch.

Interessant für Sie:
In Hamburg wird diese beliebte Beilage auch als „Püschamell"-Kartoffeln bezeichnet.

Apfel-Sauerkrautsalat Blankeneser Art

- 400 g frisches Sauerkraut
- 2 große, würzig-aromatische Äpfel (z.B. Jonathan, Boskop)
- 200 g gekochter Schinken

Marinade:

- 200 g Crème fraîche
- 1 EL gehackte Petersilie
- Salz, weißer Pfeffer
- 1 Prise Zucker
- 2 EL feingehackte Haselnüsse

● Das Sauerkraut abtropfen lassen, grob zerschneiden und in eine Schüssel geben. Die Äpfel waschen, abtrocknen, vierteln, vom Kerngehäuse befreien und in Stifte schneiden. Sofort unter das Sauerkraut mischen. Den gekochten Schinken in kurze Streifen schneiden und unterheben.

● Die Crème fraîche mit allen anderen Zutaten verrühren, zum Salat geben und gleichmäßig unterziehen.

● Vor dem Servieren 30 Minuten ziehen lassen.

Beilage: Knuspriges Bauernbrot

Überbackene Krabben-Kartoffeln

- 1 EL Butter für die Form
- 800 g vorwiegend festkochende Kartoffeln
- 375 g frische Nordseekrabben
- Salz, weißer Pfeffer
- 1 kleine Knoblauchzehe
- 150 ml Sahne, 30 g Butter
- 100 g geriebener Käse (z.B. Emmentaler)

● Eine größere, hitzebeständige Auflaufform einfetten.

● Die Kartoffeln schälen, in dünne, gleichmäßige Scheiben schneiden, waschen und gründlich abtropfen lassen. Eine Hälfte in die Form geben und darauf die gewaschenen, ebenfalls gut abgetropften Krabben verteilen.

● Kräftig mit Salz, Pfeffer und frisch gepreßtem, geschältem Knoblauch würzen. Anschließend die restlichen Kartoffelscheiben auflegen und mit Sahne übergießen. Butterflöckchen aufsetzen, dann mit geriebenem Käse bestreuen.

● Im vorgeheizten Backofen bei 180 - 200 °C in ca. 60 - 70 Minuten zubereiten. Nach Belieben noch kurz unter dem heißen Grill überkrusten, dann in der Form servieren.

Speck-Bratkartoffeln

750 g festkochende Kartoffeln	1 größere Zwiebel
100 g magerer, geräucherter Speck	50 g Butterschmalz, Öl oder Margarine
	Salz, Pfeffer

● Die Kartoffeln waschen, in der Schale kochen, noch warm pellen, erkalten lassen und in Würfel oder Scheiben schneiden.

● Die Zwiebeln schälen und feinhacken. Den Speck würfeln.

● Das Fett in einer größeren Pfanne erhitzen, den Speck darin auslassen, die Zwiebeln dazugeben und mitdünsten.

● Zuletzt die vorbereiteten Kartoffeln zugeben und von allen Seiten goldbraun braten, dann würzen.

Interessant für Sie:
Knusprige Bratkartoffeln sind in Schleswig-Holstein auch als Hauptgericht, zusammen mit einem Salat serviert, sehr beliebt. Damit sie gelingen, ist es wichtig, am besten eine festkochende Sorte zu verwenden. Die kalten Kartoffelscheiben oder -würfel gibt man stets in sehr heißes Fett, damit sie sich nicht vollsaugen, sondern außen schnell anbacken.

Friesenwaffeln

125 g weiche Butter	1/4 l Milch oder Sahne
75 g Zucker	200 g Mehl
4 Eigelb	50 g Stärkemehl
1 Prise Salz	4 Eiweiß
1 EL Vanillezucker	Fett für das Waffeleisen, Puderzucker zum Bestreuen
abgeriebene Schale 1/2 Zitrone, 1 TL Zimt	

● Butter, Zucker und Eigelb schaumig rühren. Salz, Vanillezucker, Zitronenschale und Zimt dazugeben. Nach und nach Milch oder Sahne, gesiebtes Mehl und Speisestärke unterrühren. Zuletzt steif geschlagenen Eischnee locker unterheben.

- Das erhitzte Waffeleisen mit Fett bestreichen, 1 - 2 EL der Teigmischung daraufgeben, leicht verstreichen und in ca. 1 1/2 - 2 Minuten goldgelbe Waffeln backen. Mit Puderzucker bestreut servieren.

„Dithmarscher Mehlbeutel“

500 g Mehl, 1 Pa Hefe	3 Eier, Salz
1 EL Zucker	Zimt, Kardamom
1/8 - 1/4 l Milch	100 g Butter
abgeriebene Schale 1/2 unbehandelten Zitrone	Küchengarn, 1 Leinentuch
	2 Holzlöffel

- Das Mehl in eine Rührschüssel sieben, in die Mitte eine Vertiefung eindrücken und die Hefe hineinbröckeln. Den Zucker darüberstreuen und etwas lauwarme Milch hinzufügen. Mit etwas Mehl vermischen, dann, mit einem Tuch bedeckt, an einem warmen Ort ca. 15 Minuten gehen lassen.
- Eier, Salz, abgeriebene Zitronenschale, Gewürze, die restliche Milch sowie die weiche Butter zugeben und zu einem geschmeidigen Teigkloß verkneten.
- Diesen nochmals gehen lassen, dann auf ein großes, nasses, bemehltes Leinentuch legen und die Enden locker zubinden.
- In einem ausreichend großen Topf reichlich Salzwasser zum Kochen bringen. Mit Hilfe von 2 Holzlöffeln den Mehlbeutel so hineingeben, daß er etwa eine Handbreit im Wasser hängt, jedoch den Boden nicht berührt. Ca. 2 Stunden lang zugedeckt garen, dann herausnehmen, abdampfen lassen und aus dem Tuch auf eine Platte stürzen.

Anmerkungen:
Dazu ißt man gerne in Schleswig-Holstein braune Butter sowie Zucker, Zimt und Backobst. Der Teig kann auch in einer verschließbaren Puddingform im Wasserbad gegart werden.

Lübecker Marzipantorte mit Zitronencreme

Teig:
200 g Butter oder Butterschmalz
4 Eier
225 g Zucker
abgeriebene Schale 1 unbehandelten Zitrone
225 g Mehl, Salz
1 gestr. TL Backpulver

Füllung:
5 Eier
150 g Butter oder Butterschmalz
150 g Zucker
Saft von 5 Zitronen

Garnitur:
200 g Marzipanrohmasse
Puderzucker
1 Pa Schokoladenglasur
1/4 süße Sahne, Zucker
1 Pa Sahnesteif
einige Zitronenscheiben

● Fett, Eier, Zucker und Zitronenschale sehr schaumig rühren. Gesiebtes Mehl, Salz sowie Backpulver dazugeben und unterrühren. Den Teig in eine mit Backpapier ausgelegte Springform (ø 26 cm) füllen und in 35 - 45 Minuten im auf 180 - 200 °C vorgeheizten Backofen abbacken. Sehr gut auskühlen lassen, dann zweimal waagrecht durchschneiden.

● Für die Füllung Eier, Fett, Zucker und Zitronensaft in einen Topf geben und unter ständigem Schlagen erhitzen, an-

schließend gut auskühlen lassen. Den Kuchen damit füllen und rundum bestreichen.

● Die Marzipanrohmasse mit etwas Puderzucker verkneten und ausrollen. Den Ring der Springform auflegen und die überstehenden Reste ringsum abschneiden. Die aufgelöste Schokoladenglasur darübergießen. Erstarren lassen, dann mit einem scharfen Messer in 16 Stücke schneiden.

● Sahne mit Zucker sowie Sahnesteif sehr fest schlagen und mittig auf der Kuchenoberseite verstreichen. 2 EL zurückbehalten. Den Rand mit Zitronenscheiben garnieren, dann die Marzipanstücke dekorativ auflegen und in der Mitte mit aufgespritzter Sahne fixieren.

Fortsetzung Seite 68

● Die Torte noch ca. 30 Minuten lang durchkühlen lassen.

Interessant für Sie:
Die Stadt Lübeck ist weltbekannt für ihr fürstliches Konfekt – das Marzipan. Die Herstellung ist aufwendig. Nur beste Mandelsorten kommen zum Einsatz, die zerkleinert im Verhältnis 60:40 mit Zucker und etwas Flüssigkeit vermischt werden. Anschließend geröstet, dann abgekühlt, zu Blöcken geformt, muß das Marzipan noch 2 - 3 Tage reifen, bevor es weiterverarbeitet oder abgepackt werden kann.

Rote Grütze
(„Rode Grütt")

ca. 600 g gemischte Beeren (z.B. rote Johannisbeeren, Himbeeren, Erdbeeren)	1 - 2 EL Zitronensaft
knapp 1/4 l Johannisbeersaft	etwas abgeriebene Schale 1 unbehandelten Zitrone
ca. 80 g Zucker	1 Msp. Nelkenpulver
1 Pa Vanillezucker	1 Prise Zimt
	ca. 40 g Stärkemehl
	knapp 1/8 l Rotwein

● Die verschiedenen Obstsorten waschen und putzen. Mit Johannisbeersaft, Zucker, Vanillezucker, Zitronensaft und -schale sowie Gewürzen langsam aufkochen.

● Stärkemehl mit Rotwein verrühren und unter das Obst geben, nochmals aufkochen, dann in hitzebeständige Portionsschälchen füllen und erkalten lassen.

Tips:
Auch reife Kirschen passen gut zu dieser Obstkombination. Servieren Sie die Grütze mit steifgeschlagener, süßer Sahne oder einer feinen Vanillesoße.

Apfelreis

150 g Milchreis	500 g Äpfel
1 l Milch	2 EL Zucker
ca. 1/4 TL Salz	30 g Butter
1 Stückchen Schale einer unbehandelten Zitrone	3 EL Zucker, mit 1 TL Zimt gemischt

● Den Reis in die mit Salz sowie Zitronenschale gewürzte Milch einrühren und langsam aufkochen lassen, dann die Kochstelle herunterschalten und das Gericht bei sehr schwacher Hitze etwa 15 - 20 Minuten ausquellen lassen.

● Inzwischen die Äpfel waschen, trockenreiben, vierteln, vom Kernhaus befreien, schälen und kleinschneiden. Mit dem Zucker vermischt zum Reis geben und ca. 15 Minuten weitergaren.

● Zuletzt die Butter hinzufügen, alles gut durchmischen und mit Zimtzucker bestreut servieren.

Hamburger Sandkuchen

250 g Butter	1 gestr. TL Backpulver
250 g Zucker	etwas abgeriebene Schale 1 unbehandelten Zitrone
1 Pa Vanillezucker	1 - 2 EL Rum
1 Prise Salz	4 Eiweiß
4 Eigelb	2 TL Zitronensaft
150 g gesiebtes Mehl	Butter und Semmelmehl für die Form
150 g Stärkemehl	

● Weiche Butter mit Zucker, Vanillezucker, Salz und Eigelb sehr schaumig rühren. Hierzu am besten den Elektroquirl einsetzen.

● Gesiebtes Mehl, Stärkemehl, Backpulver und Zitronenschale dazugeben. Den Rum darüberträufeln und alles gut verrühren. Mit Zitronensaft steif geschlagenes Eiweiß unterheben und die Masse in eine gefettete, mit Semmelmehl ausgestreute Kastenform (Länge ca. 30 cm) füllen.

● Im vorgeheizten Backofen bei 170 - 180 °C in 60 - 70 Minuten backen. Nach 20 Minuten die Teigoberfläche längs mit einem spitzen Messer einschneiden, damit ein schöner Aufriß ensteht.

Tip:
Damit der Kuchen besonders „sandig“ gelingt, ist es wichtig, daß Butter,

Zucker, Vanillezucker, Salz und Eigelb bis zu 10 Minuten mit dem Elektroquirl oder der Küchenmaschine zu einer sehr cremigen Masse verrührt werden.

Holsteinische Kartoffeltorte

- 300 g Pellkartoffeln vom Vortag
- 40 g Rosinen
- 4 - 6 EL Rum
- 30 g Zitronat
- 30 g Orangeat
- 6 Eigelb
- 180 g Zucker
- 1 unbehandelte Orange
- 100 g gem. Haselnüsse
- 75 g Mehl
- 1 TL Backpulver
- 6 Eiweiß, 1 Prise Salz
- Butter zum Einfetten
- Semmelmehl zum Ausstreuen
- Puderzucker zum Bestreuen

● Die Kartoffeln nach dem Kochen abdampfen, noch heiß schälen und über Nacht auskühlen lassen. Am nächsten Tag sehr fein reiben.

● Die Rosinen waschen, mit heißem Wasser übergießen, abtropfen lassen und mit dem Rum beträufeln. Beiseite stellen.

● Zitronat und Orangeat fein würfeln.

● Die Eigelbe mit ca. 120 g Zucker sehr schaumig schlagen. Abgeriebene Schale der ganzen und ausgepreßten Saft der halben Orange dazugeben. Die Haselnüsse mit Mehl sowie Backpulver mischen und zusammen mit den Kartoffeln unterheben.

● Eiweiß mit Salz zu steifem Schnee schlagen. Nach und nach den restlichen Zucker einstreuen. Mit den Rosinen, sowie Orangeat und Zitronat locker unterheben.

● Eine Springform (ø 26 cm) mit Butter einfetten und mit Semmelmehl ausstreuen. Den Teig einfüllen und im auf 170 - 190 °C vorgeheizten Backofen in ca. 60 Minuten backen.

● Ausgekühlt mit gesiebtem Puderzucker bestreuen.

„Appelpankoken“

(Apfel-Pfannkuchen)

250 g Mehl, 4 Eier	etwas Zimt
ca. 3/8 l Milch	60 - 80 g Butterschmalz zum Backen
1/4 TL Salz	100 g Zucker zum Bestreuen
400 g Äpfel	
1 EL Zitronensaft	

● Das gesiebte Mehl mit Eiern, Milch und Salz zu einem glatten Teig verrühren. Dazu am besten einen Elektroquirl einsetzen. Den Teig etwa 30 Minuten quellen lassen.

● Inzwischen die Äpfel waschen, trockenreiben, vierteln, vom Kernhaus befreien und schälen. In Spalten schneiden, in eine Schüssel geben, mit Zitronensaft beträufeln und Zimt darübergeben.
Gut durchmischen.

● Etwas Butterschmalz in einer Pfanne erhitzen. Den Boden mit 1/4 der Teigmasse bedecken. Sofort gleichmäßig mit den Apfelscheiben belegen, anbacken, dann wenden und auch die andere Seite backen.

● Die Pfannkuchen auf einen Teller stürzen und mit Zucker bestreuen. Nacheinander den gesamten Teig ausbacken. Warm servieren.

Tips:
Wünschen Sie lockere Pfannkuchen, so verwenden Sie am besten getrennte Eier und ziehen vor dem Backen steif geschlagenen Eischnee unter die Teigmischung. Der Teig geht gut auf, wenn man 1 TL Rum dazugibt. Wenden Sie die Pfannkuchen immer erst, wenn sie obenauf schon angegart sind. Bereits fertig gebacken, lassen sie sich im Backofen bei ca. 150 °C gut warmhalten.

Die
BUTTERSCHMALZ
Küche

Rendsburger Buttermilchkuchen

Teig:
3 Eier
200 g Zucker
1 Pa Vanillezucker
1 Prise Salz
abgeriebene Schale 1 unbehandelten Zitrone
1/4 l Buttermilch
450 g Mehl
1 Pa Backpulver

Belag:
125 g Butter
100 g Zucker
100 g gehobelte Mandeln

● Eier, Zucker, Vanillezucker sowie Salz in eine Schüssel geben und mit dem Elektroquirl sehr schaumig rühren. Buttermilch und Zitronenschale hinzufügen. Mehl mit Backpulver mischen, durchsieben, hinzufügen und alles zu einem geschmeidigen Teig verarbeiten.

● Den Backofen auf 180 - 200 °C vorheizen.

● Das Backblech einfetten, den Teig sehr gleichmäßig darauf verstreichen, dann ca. 20 - 25 Minuten backen.

● Für den Belag die Butter schmelzen, Zucker sowie Mandeln dazugeben, gut durchmischen und gleichmäßig auf der Teigoberseite verteilen. Nochmals für 5 - 8 Minuten in den Backofen geben. Noch warm in Stücke schneiden.

Köstliches Marzipankonfekt Alt-Lübecker Art

250 g Marzipanrohmasse
60 ml Kirschwasser
10 g Puderzucker
Mark 1 Vanilleschote
einige Schokoladen- oder Mürbeteigplätzchen
125 g Butterschmalz
ca. 75 ganze, geröstete Mandeln
100 g Kuvertüre
30 g helle Milchschokolade

- Die Marzipanrohmasse kleinschneiden und mit Kirschwasser, Puderzucker und Vanillemark gleichmäßig verkneten. Hierzu am besten den Elektroquirl einsetzen.

- Das Butterschmalz sehr schaumig schlagen, die Marzipanmischung löffelweise unterrühren, dann in einen Spritzbeutel mit Sterntülle füllen und auf Schokoladen- oder Mürbeteigplätzchen spritzen.

- Jeweils eine halbe, geröstete Mandel daraufstecken und die Pralinen mit geschmolzener Kuvertüre überziehen. Zuletzt mit flüssiger, heller Milchschokolade verzieren.

Tip:
Verdünnen Sie die Kuvertüre mit etwas Butterschmalz. So wird sie flüssiger und ist zum Überziehen besser geeignet.

Hamburger brauner Kuchen

200 g Sirup	30 g Orangeat, feingehackt
65 g Butter	30 g gem. Mandeln
65 g brauner Zucker	abgeriebene Schale 1/2 unbehandelten Zitrone
375 g Mehl	1/2 TL Zimt
1/2 Pa Backpulver	1/2 TL Nelkenpulver
30 g Zitronat, feingehackt	

- Den Sirup mit Butter und braunem Zucker erwärmen und gut vermischen, dann abkühlen lassen, bis die Masse noch lauwarm ist. Die restlichen Zutaten unterkneten.

- Den vollständig ausgekühlten Teig sehr dünn zwischen Klarsichtfolie ausrollen. Die Teigplatte in Rechtecke schneiden, diese auf ein gut gefettetes Backblech legen und bei 180 - 200 °C im vorgeheizten Backofen in ca. 10 - 15 Minuten backen. Noch warm vom Blech lösen.

Menge: ca. 80 Stück

Bierpunsch

1 Flasche helles, eher herbes Bier	6 Eigelb
1/16 l Arrak	4 EL Zucker
	1 Prise Zimt

- Arrak und Eigelb mit etwas Bier verrühren. Das restliche Bier mit Zucker sowie Zimt erhitzen, von der Kochstelle nehmen, die Eimischung unterschlagen und in vorgewärmte Gläser umfüllen. Sofort servieren.

Grog

pro Glas:
1/8 l Wasser
2 Stück Zucker oder 1 TL Zucker
1/16 l bester Rum

● Das Wasser kochen. Den Zucker in ein feuerfestes Teeglas geben, einen Teelöffel hineinstellen, das Wasser darübergießen und so lange rühren, bis sich der Zucker gelöst hat. Zuletzt den vorgewärmten Rum hinzufügen.

Tip:
Ein alter Spruch lautet: „Rum muß sein, Zucker kann sein, Wasser muß nicht sein" – das ideale Mischverhältnis für einen Grog ist jedoch: 2/3 Wasser zu 1/3 Rum.

Husumer Innenhafen

Pharisäer (Kaffeepunsch)

125 ml süße Sahne
1 EL Zucker
etwas Vanillezucker
4 geh. TL Zucker
8 ml Rum (40 %)
ca. 800 ml starker, schwarzer Kaffee oder Mokka (erhitzt)

● Sahne mit Zucker und Vanillezucker sehr steif schlagen. Kühlstellen.

● Vier hitzebeständige, große Trinkgläser oder Kaffeebecher bereitstellen. In jedes Gefäß 1 TL Zucker geben, gleichmäßig mit erwärmtem Rum aufgießen, dann den heißen Kaffee darüber verteilen und gut umrühren, bis der Zucker gelöst ist.

● Zuletzt das Getränk mit einer dicken Sahnehaube garnieren und sofort servieren.

Interessant für Sie:
Eine alte Geschichte erzählt, daß der „Pharisäer“ auf der Insel Nordstrand erstmals erfunden wurde. Schwarzen, starken Kaffee mit reichlich Rum, etwas scheinheilig unter

einer Sahnehaube versteckt, tranken Bauern anläßlich einer Kaffeetafel. „Oh, ihr Pharisäer" soll der Pastor ausgerufen haben, als er den Trick bemerkte.

Matthias-Boie-Haus von 1779

Zu den Rezepten:
Die Temperaturangaben sind Richtwerte, die je nach Herdtyp abweichen können. Möchten Sie das jeweilige Rezept mit Heißluft zubereiten, so stellen Sie ca. 20° C niedriger ein.
Die Backzeiten bleiben in der Regel gleich. Bitte vergleichen Sie die Temperaturangaben vorab mit denjenigen in der Gebrauchsanweisung Ihres Herdes und stellen Sie ggf. etwas höher oder niedriger ein.

Zum Gebrauch des Buches:
Es werden mehrfach Abkürzungen benutzt, die ich Ihnen nachstehend noch kurz erklären möchte:

EL	Eßlöffel
TL	Teelöffel
Msp	Messerspitze
g	Gramm
kg	Kilogramm
l	Liter
cl	Zentiliter
geh.	gehäuft
gem.	gemahlen
ger.	gerieben
gestr.	gestrichen
Pa	Päckchen

Bildnachweis
Kurverwaltung Glücksburg: 1
Langnese-Iglo GmbH, Hamburg: 2, 14, 55
Kaliforn. Rosinen/Komplettbüro, München: 11
CMA/Ketchum PR, München: 12, 75
Alpensahne/Komplettbüro München: 17, 59
Adam/Ketchum PR, München: 16, 56, 62
Fima, Bremerhaven: Titelseite 21, 23, 29, 30/31, 32, 37
Corning GmbH, Mühltal: 25
CMA/Komplettbüro München: 27, 41, 66/67, 73
Wein aus Südtirol/Fa. Tübke & Partner, München: 34
Robert Bosch Hausgeräte GmbH, München: 39
CMA/IPR & O, Hamburg: 43, 45, 48, 51
Fotostudio Teubner, Füssen: 46, 69
Siemens Electrogeräte GmbH, München: 63
Stadt Brunsbüttel: 79
Nordseebäderverband: 77
Kurverw. Nordstrand: 78
Rückseite: FVV, Naturpark Westensee

Autorin und Verlag danken diesen Unternehmen für die Bereitstellung des Bildmaterials.

Lektorat: Ursula Calis, München
Design & Produktion: Verlagsbüro Fritz Petermüller, Siegsdorf
Satz: Agentur für Satz & Typographie, Grassau
Lithos: ColorLine, Verona

Fax +43 512 265561-8
e-mail: kompass@kompass.at
http://www.kompass.at
Verlagsnummer: 1712
ISBN 3-85491-833-X
4. Auflage 2003